out

out

out

out

out

out

out

out

out

out

out

out

out

out

out

out

out

out

out

out

out

out

out

out

out

out

out

out

out

out

out

out

out

out

out

out

out

out

out

out

out

out

out

out

out

out

out

out

out

out

out

out

out

out

out

out

out

out

out

out

out

out

out

out

out

out

out

out

out

out

out

out

out

out

out

out

out

out

out

out

out

out